हंस अकेला

गीत और कविताएँ

हंस अकेला

रमानाथ अवस्थी

वाणी प्रकाशन ग्रुप
भारतीय ज्ञानपीठ
वाणी प्रकाशन : भारतीय ज्ञानपीठ की पुस्तकों के एकमात्र प्रकाशक एवं वितरक

लोकोदय ग्रन्थमाला : ग्रन्थांक 691

सजिल्द चौथा संस्करण : 2016
सजिल्द पाँचवाँ संस्करण : 2025

वाणी प्रकाशन ग्रुप | भारतीय ज्ञानपीठ

वाणी प्रकाशन : भारतीय ज्ञानपीठ की पुस्तकों के एकमात्र प्रकाशक एवं वितरक

वाणी प्रकाशन

4695, 21-ए, दरियागंज, नयी दिल्ली-110 002
दूरभाष : 011-23273167, 23275710
ईमेल : sales@vaniprakashan.in
www.vaniprakashan.com

ISBN : 978-93-7112-930-5

मूल्य : ₹ 350

हंस अकेला
(कविता-संग्रह)

रमानाथ अवस्थी

HANS AKELA
(Poetry Collection)
by Ramanath Awasthi

आवरण-चित्र : गौरी त्रिपाठी
मुद्रक : आर. टेक ऑफसेट प्रिंटर्स, दिल्ली-110 032

अपने परम हितैषी
श्री काशीनाथ मेमानी
और
श्रीमती किरन मेमानी
को सादर समर्पित

निवेदन

गीत के बारे में इतना कुछ कहा और लिखा गया है, जिसे समेट पाना सम्भव नहीं है, फिर भी इस असम्भव को सम्भव करने के लिए अनगिनत विचारकों की अथक परिश्रम करते रहने की लम्बी परम्परा है। यह परम्परा अभी रुकी नहीं है, और सम्भवतः आगे भी नहीं रुकेगी। चन्द्रमा शब्दहीन होकर भी बहुत-कुछ कहता है, भले ही हम उसे सुन न पाते हों; बिलकुल इसी प्रकार एक सक्षम गीत हमसे जाने क्या-क्या कहता है ! इस कथ्य को शब्द देना सहज नहीं है। केवल देखने में ही कवि और पाठक दो हैं, मगर कवि की अन्तर्वाणी से मिलकर दोनों ही एकाकार होते हैं। यह आत्मीयता ही पाठक और कवि के बीच अनूठा शब्दसेतु है। अतः मैं गीत के पाठक से गीत पर तरस खाने के लिए नहीं कहता। मैं गीत पर प्रयोग करूँ या गीत मुझ पर प्रयोग करे, परन्तु मैं गीत को उस अदेखे समुद्र की लहर मानता हूँ, जो हम सबके भीतर है। हर गीत अपने में भले ही पूर्ण न लगे, लेकिन अपनी मौलिकता के रंग में वह इस पूर्णता और अपूर्णता से ऊपर है। 'बच्चन' जी का गीत के बारे में एक कथन अनूठा है। वे कहते थे, शाम को घर लौटते हुए हारा-थका मज़दूर अगर मेरा गीत गुनगुनाकर किसी हद तक अपनी थकन को भूलता है, तो मेरे विचार से मेरा गीत पूरी तरह सार्थक है। गीत की अनुगूँज दूरगामी होती है। नदी में नाव खेते, खेत में काम करते अथवा जंगल में ढोर चराते चरवाहे किसी-न-किसी प्रकार गीत के साथ होते हैं। उनके भीतर कौन-सा गीत तैरता है ? —इस सवाल का जवाब कदाचित् वे भी न दे पाएँ, मगर इससे गीत की शक्ति का अहसास लगाया जा सकता है।

गीत का हर संकलन अपने-आप में अलग दिखकर भी एक बिन्दु पर

एक होता है। यही एकता गीत के स्वरूप का निर्धारण करती है। आज के तथाकथित कुछ कवि गीत को कविता से बेदख़ल करते हैं, मगर कोई विधा किसी के बेदख़ल करने से कभी समाप्त नहीं होती। फिर गीत का सम्बन्ध तो हमारे सन्त कवियों तक व्याप्त है। सन्त कवि रैदास कहते हैं, 'प्रभुजी तुम चन्दन, हम पानी', मीराबाई कहती हैं, 'मेरे तो गिरिधर गोपाल दूसरो न कोई' और सन्त कबीर कहते हैं, 'पोथी पढ़ि-पढ़ि जग मुआ पण्डित भया न कोय, ढाई आखर प्रेम का पढ़ै सो पण्डित होय।' वास्तव में प्रेम की यह अनुभूति केवल गीत से सम्भव है।

मेरे प्रस्तुत संग्रह में जो कविताएँ संगृहीत हैं, वे पिछले दो वर्षों में लिखी गयी हैं। केवल 'एकादशी' खण्ड के अन्तर्गत, मेरी पहले की लिखी, वे कविताएँ हैं जो मेरे मिज़ाज के बहुत क़रीब हैं। इस संग्रह की कविताओं के बारे में मैं कुछ न कहूँगा, वे स्वयं ही अपने बारे में आपसे सब-कुछ कहेंगी। कविश्री शमशेर बहादुर सिंह के शब्दों में 'बात बोलेगी, हम नहीं'। इसलिए अगर कोई बात है, तो मेरी कविताएँ आपसे स्वयं ही बोलेंगी।

अपने इस संग्रह के सुरुचिपूर्ण प्रकाशन के लिए मैं भारतीय ज्ञानपीठ का आभारी हूँ।

— रमानाथ अवस्थी

ए-402, रिवरव्यू अपार्टमेण्ट्स
मयूर विहार, फ़ेज़-1
दिल्ली - 110 092

अनुक्रम

गीत

डूबते रवि ने कहा, मेरा काम लेगा कौन ?
बात सुन सारा जगत्, था निरुत्तर मौन।
एक मिट्टी के दिये ने कहा नत कर माथ,
दीजिए मुझको बनेगा जो करूँगा नाथ।

—रवीन्द्रनाथ टैगोर

दुख ही जीवन की कथा रही,
क्या कहूँ आज, जो नहीं कही !

—महाप्राण निराला

गीत

रचनाकार

चाहता हूँ जानूँ उस रचनाकार को,
जिसने रचा इस अनुपम संसार को !

नभ तो है दर्पण अन्तहीन सागर का,
सागर को मिला है प्यार नटनागर का !
माथे पर पर्वत, धरती पर पाँव धरे,
जाने कब से वे इस मुद्रा में खड़े !
शब्द नहीं दे पाता उनके उपकार को !

होने नहीं देता वह हमको अकेला,
सुख-दुख जो मिले हमें, साथ-साथ झेला !
उसके अलावा है कोई नहीं अपना,
दुनिया तो लगी बस एक झूठा सपना !
यहाँ सब सदा मरे, केवल अधिकार को !

बतलाता उसका पता कोई भी नहीं,
इस दुख से मेरी आँख रोयी भी नहीं !
कितनी ही चाहों को लिये घूमता हूँ,
अपने हाथों की लकीरें चूमता हूँ !
कोई नहीं सुन रहा मेरी पुकार को !

एक दिन होगा यहाँ कुछ नहीं बचेगा,
फिर नये सिरे से कोई कुछ रचेगा !

काटे नहीं कटते दिन और रात,
गाओ गुनगुनाओ तुम मिलेगा प्रभात !
कोई जीत कोई पाएगा हार को !
चाहता हूँ जानूँ उस रचनाकार को !

चाँद का चेहरा

गंगा-यमुना के बहते पानी में,
चाँद का चेहरा झिलमिलाता है !

कोई तो ले रहा है अँगड़ाई,
कोई याद करता है बीते दिन !
कोई पछताता गुनाहों पर,
ज़िन्दगी को जीना है कितना कठिन !
चाहे उदास हो कितना माहौल,
कोई मुझ-जैसा गुनगुनाता है !

लिख सका जैसा मैं, लिखा भी वही,
जो नहीं अच्छा लगा गाया नहीं !
लोग हँसते रह गये मुझ पर मगर,
दुर्दिनों के बीच घबराया नहीं !
चूम लेता हूँ उसके चरणों को,
कोई जो गिरते को उठाता है !

चल रहा पीछे कोई आगे है,
रास्ता सबको ही तय करना है !
चाहे मुश्किल हो कितनी ही मंज़िल,
सब को हर ख़तरे से उबरना है !
साथ देता है सबको साहस ही,
चलते रहो पाठ यह पढ़ाता है !

मुश्किलों में फँसे होकर भी यहाँ,
ख़ुद को न हारा हुआ मानो कभी !
भूलो तुम हारने की सब बातें,
अपने को ठीक-ठीक जानो अभी !
कोई है तुमको जो हमेशा ही,
हर समय मुस्कराकर दुलराता है !

गंगा-यमुना के गहरे पानी में,
चाँद का चेहरा झिलमिलाता है !

जल-कण

मैं तो जलकण ही जैसा, पर तुम सागर हो !

जाने कब से भटक रहा तुमसे मिलने को,
अधखिले फूल-जैसा व्याकुल हूँ खिलने को !
मैं रेती वृन्दावन की, तुम नटनागर हो !

मृत्युलोक में माया के अनगिन मुखड़े हैं,
हर मुखड़े के अपने ही अपने दुखड़े हैं !
मैं हूँ क़ैद दुखों से लेकिन तुम बाहर हो !

मन कहता है अब कोई समझौता कर लूँ,
जीते-जीते ही मैं थोड़ा-थोड़ा मर लूँ !
दुनिया कहती कुछ भी कर लो नरनाहर हो !

मैं तो जलकण ही जैसा, पर तुम सागर हो !

जंगल का सन्नाटा

जंगल का सन्नाटा जो कुछ भी गाता है,
उसे समझना मेरे वश की बात नहीं है !

जंगल के गायन को देवों का दल सुनता,
चौबीसों घण्टे यह गायन चलता रहता !
हर मौसम में जंगल में मंगल ही रहता,
यही बात हर योगी और तपस्वी कहता !
इतना ज्ञान सहेजूँ यह औक़ात नहीं है।

रुकता नहीं पवन पल-भर को, वह बहता है,
सुनता तो कुछ नहीं मगर वह कुछ कहता है !
कभी-कभी बादल-दल आकर वर्षा करते,
पेड़ों-पत्तों और धरा पर पलकें धरते !
लगता जैसे कोई क़हीं उदास नहीं है !

जंगल का सुख तो केवल जंगल ही जाने,
इस सुख के आगे फीके हैं सभी ख़ज़ाने !
कहीं नाचता मोर कहीं पर पंछी गाते,
पेड़ों के पत्ते सब के मस्तक सहलाते !
बादल चले गये कब के, बरसात नहीं है !

राम-भरोसे पौधे उगकर मुरझाते हैं,
कभी-कभी राही भी यहाँ नज़र आते हैं !

बीच-बीच में वेगवती नदियाँ बहती हैं,
अपनी भाषा में हमसे भी कुछ कहती हैं !
इन नदियों का कोई भी इतिहास नहीं है !

जंगल का सन्नाटा जो कुछ भी गाता है,
उसे समझना मेरे वश की बात नहीं है !

पाया नहीं

पा तो सकते थे बहुत, पाया नहीं,
क्योंकि गिर करके कुछ उठाया नहीं !

शब्द से मेरा सरोकार तो पुराना है,
छोड़कर इसको किसी और को न पाना है;
बातें कोई करे मैं ध्यान नहीं देता हूँ,
वक़्त कैसा ही हो मैं गुनगुना तो लेता हूँ;
गीत जो गाना था दुनिया में मुझे—
जाने क्या बात हुई गीत वही गाया नहीं !

जो मुझे चाहिए वह कोई नहीं दे सकता,
जो मेरे मन का नहीं वह नहीं ले सकता;
कोई दुख-सुख नहीं जो साथ निभाये मेरा,
कोई ऐसा नहीं जो हाथ बँटाये मेरा;
मुझको सपनों ने किसी रात नहीं सोने दिया,
अपना यह दर्द किसी को कभी बताया नहीं !

माँ के जाने के बाद दुख का कुछ हिसाब नहीं,
अब मेरे शीश पर आशीष-भरा हाथ नहीं;
माँ की ममता की समता नहीं हो पायी,
उसके आँचल के तले भूख-प्यास कब आयी ?
गंगा के तीर बसे गाँव में जन्मा-भर था,
फिर मेरे गाँव ने मुझको कभी बुलाया नहीं !

दर्द

क्या कहूँ मैं हूँ कितनी मुश्किल में,
दर्द को गा रहा हूँ महफ़िल में !

लोग सुनते हैं हम सुनाते हैं,
दूरियों को क़रीब लाते हैं;
क्या पता कौन कैसे सुनता है,
कह नहीं सकता दिल दहलता है;
कोई मिलता नहीं जो पूछे यह—
जा रहे हो कहाँ ? किस मंज़िल में ?

धीरे-धीरे सभी अलग होते,
जान-पहचान का भी सुख खोते;
टूटते हैं सभी रिश्ते-नाते,
लोग कब किसके काम हैं आते !
शुक्रतारे की चमक सबसे अलग
तारों की ठण्डी-ठण्डी महफ़िल में।

आग के घर में आग ही रहती,
जलती रहती है कुछ नहीं कहती;
आग हम सब में भी समायी है,
कौन जाने किधर से आयी है;
चाल इसकी अजीब है देखो,
आग होती नहीं है बुझदिल में !

पानी

मत मारो पानी को पत्थर,
चोट लगेगी किसी लहर को !

पानी की बूँद-बूँद सागर की है,
सागर हर बूँद के लिए मचल रहा;
पावस का बादल चंचल लगता है,
पर्वत तो हर मौसम में अचल रहा;
हरी घास रँगती है चुपके से–
अपने ही रंग में डगर को !

मुसलमान, हिन्दू, सिक्ख और ईसाई–
हो चाहे जिसकी प्यास तो पवित्र है;
पानी बिना कोई जी नहीं सकता,
पानी की महिमा बहुत ही विचित्र है;
बचा नहीं कोई प्यास से यहाँ,
क़स्बा हो, गाँव हो चाहे शहर हो !

झूम रहीं मस्ती से फ़सलें दिन-रात,
इनको भी जल से जीवन मिलता है;
झूम रहे मुसकाते श्रमिकों के दल,
खेतों को देख-देख मन खिलता है;
है नहीं तनाव कहीं इनके मन में,
अलस सुबह हो या शाम का पहर हो !

महाप्रवाह

पानी के साथ-साथ पत्थर भी बहता है,
बहते-बहते ही वह मुझसे कुछ कहता है !

कहता है क्या कुछ मैं समझ नहीं पाता,
हाँ उसके साथ-साथ मैं भी कुछ गाता,
सहसा डर जाता हूँ जब पहाड़ ढहता है।
पानी के साथ-साथ पत्थर भी बहता है !

चारों ओर फैला एक अजब सन्नाटा,
जो गुनगुनाता है उसको नहीं घाटा,
वही बड़ा होता है जो जितना सहता है।
पानी के साथ-साथ पत्थर भी बहता है !

कोई जब नदी के उस पार दिखता है,
लगता है मुझको जैसे लहरों पर लिखता है,
लहरों पर लिखा एक पल नहीं ठहरता है।
पानी के साथ-साथ पत्थर भी बहता है !

जो नहीं ठहरता है राह वही पाता,
रमता जोगी बहता पानी यह गाता।
कुछ नहीं सुनता वह जो यहाँ बहता है !
पानी के साथ-साथ पत्थर भी बहता है !

रोको मत, जाने दो

अनगिनत चिन्ताओं के साथ खड़ा हूँ यहाँ,
पूछता नहीं कोई जाऊँगा कहाँ !
तन की क्या बात मन बेहद सैलानी,
कई बार मन करता कर लूँ कुछ मनमानी।
दर्द भी सहे हैं हो करके मशहूर !
रोको मत, जाने दो, जाना है दूर !

अब नहीं कुछ भी पाने को मन करता,
कभी-कभी जीवन भी मुझको अखरता।
साँस का ठिकाना क्या आये न आये,
यह बात कौन किसे कैसे समझाये ?
कुछ भी करो—होनहार होगा ज़रूर !
रोको मत, जाने दो, जाना है दूर !

वैसे तो जाने का मन ही होता नहीं,
लेकिन है कौन यहाँ जो कुछ खोता नहीं।
तुमसे मिलने का मन तो है, मैं क्या करूँ ?
बोलो तुम, कैसे, कब तक धीरज धरूँ !
मत पूछो मुझसे मैं कितना मजबूर !
रोको मत, जाने दो, जाना है दूर !

महाकाल

न आकाश होगा, न पाताल होगा,
वहाँ कुछ नहीं, बस महाकाल होगा !

नहीं देख पायें भले ही उसे हम,
मगर साथ सबके हमेशा वही है;
कहीं भी रहो फ़र्क़ पड़ता नहीं कुछ,
जगत् में अकेला वही भर सही है।
अगम सिन्धु के बीच है नाव अपनी,
डरो मत वहीं नाव का पाल होगा !

किसी को पता ही नहीं है यहाँ पर–
कहाँ कौन कब से यहाँ किस सफ़र में;
मुसाफ़िर चलेगा हमेशा-हमेशा–
रुकेगा नहीं वह कभी एक घर में।
गगन के तले जब जहाँ भी रुकेगा,
वहीं पर चमकता नखत-जाल होगा !

बरसते हुए घन कहीं एक पल को,
रुकें तो उन्हें प्यास अपनी बताऊँ;
बहुत सोचकर सोच पाता नहीं मैं,
कहाँ आख़िरी वक़्त कैसे बिताऊँ ?
कभी डूबते सूर्य के सामने ही,
बहुत शान्त होकर झुका भाल होगा !

बंजारे

हम सब के सब बंजारे–
घूम रहे मारे-मारे।

चलते-चलते रुक जाते,
कभी-कभी मिलकर गाते–
कितना अच्छा जीवन है,
कहीं न कोई बन्धन है।
कहने भर को बेचारे !

हम न कहीं पर रुकते हैं,
फिर भी कभी न थकते हैं;
सब से मिलते हैं हँसकर,
लोग ग़लत समझे अकसर।
जाएँ हम किसके द्वारे !

सुबह कहीं तो शाम कहीं,
पल-भर को आराम नहीं;
सभी पराये लगते हैं,
हमको सब ही ठगते हैं।
फिर भी हम न कभी हारे !
हम सब के सब बंजारे !

एक आवाज़

एक आवाज़ सरेशाम से उभरती है,
पूछ मत दिल में वह किस तरह उतरती है !

मैंने चाहा कई बार इसे पहचानूँ,
कौन है किसकी आवाज़ उसे तो जानूँ;
सोचता हूँ मगर कामयाब होता नहीं,
रोने क़ाबिल है ज़िन्दगी, पर रोता नहीं।
चाँदनी झूम-झूम रात-भर सँवरती है !

जादू जैसी है आवाज़ जो सुनता हूँ,
कौन आवाज़दार है नहीं समझता हूँ;
द्वार है कौन जहाँ जा करके दस्तक दूँ,
चरण दिखाओ जिनको अपना मस्तक दूँ।
बिन बताये उम्र रोज़ ही गुज़रती है !

दर्द तो कुछ नहीं बोलता, होता-भर है,
रोनेवाला कभी थककर सोता-भर है;
मारती है मगर करती नहीं प्यार कभी,
ज़िन्दगी को यहाँ किसी का इन्तज़ार नहीं।
न कभी पल-भर किसी के लिए ठहरती है !
एक आवाज़ सरेशाम से उभरती है !

सुबह-शाम

सुबह नहीं, शाम नहीं,
जाऊँगा मैं रात को !
वायदा है किसी से—निकलूँगा प्रभात को !

राह में धूल तो है,
कहीं फूल भी तो है !
कहीं छायादार तरु,
वहीं बबूल भी तो है !
वायदा है किसी से—निकलूँगा प्रभात को !

यात्रा पगडण्डी की
अथवा वनखण्डी की !
ख़ामोश बाज़ार की,
फ़िक्र नहीं मनुहार की !
सुबह नहीं शाम नहीं, जाऊँगा मैं रात को !

ख़ामोश रात की बात,
चाँदनी की बरसात !
तारों की शीतलता—
जिसका क्या अता-पता !
सुबह नहीं शाम नहीं, जाऊँगा मैं रात को !
वायदा है किसी से, निकलूँगा प्रभात को !

बीत गये बरसों

आज नहीं कल, कल नहीं परसों,
ऐसे ही करते, बीत गये बरसों !

कहाँ से चला, कहाँ गया,
अपना ही सोच, फिर लगता नया,
मन नहीं करता, हम यहाँ अमर हों !

भीतर झाँका, फूल, फल, पात नहीं,
जो करे शीतल, ऐसी बरसात नहीं;
पता नहीं कब तक ऐसा पतझर हो !

बिलकुल अकेला मैं राह पर चला,
मत पूछो, दुनिया ने कितना छला !
सुकरात मस्त, कैसा ही ज़हर हो !

आज नहीं कल, कल नहीं परसों,
ऐसे ही करते, बीत गये बरसों !

किससे कहूँ !

किससे कहूँ मन की बात,
बहरे हैं दिन और रात !

प्रश्नों से कभी घिरा रहता था,
उत्तरों के लिए सब सहता था;
अब चुप हूँ–जैसे आकाश !

अकसर सोचता बीते समय को,
वर्तमान कहता–तुम तो अभय हो;
काम करो, छोड़ो आराम।

छूट गया गाँव मिला महानगर,
निरुपाय होकर गया यहीं ठहर;
अब तो हैं साथ सिर्फ़ राम !
किससे कहूँ मन की बात !

रतन

हम तो रतन हैं, जो परखे वह पाये !

घर हो या दूकान किसी की
हम चुपचाप पड़े रहते हैं,
जिसका मन हो देखे हमको
हम कुछ कभी नहीं कहते हैं !
मोती किसको अपना मोल बताये !

लाया कौन कहाँ से हमको
कौन कहाँ को ले जाएगा,
हमने कभी नहीं यह सोचा
समय इसे भी बतलाएगा !
कोई हम पर मत अहसान जताये !

पण्डित और जौहरी दोनों
अपनी तरह हमें हैं पाते,
ग्राहक ग्रह-नक्षत्र दिखाकर !
हमको धारण कर मुसकाते !
मिलते हैं हम सबसे बिना मिलाये !

देस और परदेस देखकर
हमने कुछ भी कहा नहीं है,
किसे बतायें किसकी-किसकी
नज़रें हमने सही नहीं है !
कोई नहीं यहाँ जो हमको बहकाये !

सुबह का सितार

सुबह-सुबह कोई बजा रहा सितार !

पता नहीं मुझे, कौन राग बज रहा,
मन के ऊपर तमाम रंग रच रहा !
धन्य वे उँगलियाँ जो तारों पर हैं,
नाच रहे तारों पर मीठे स्वर हैं।
आज तो स्वरों का भी होता व्यापार !

भैरवी है राग या ठुमरी बजती,
आरती की थाली मन्दिर में सजती।
लगता है बस चुपचाप सुनता रहूँ,
इस महान सुख को गुमनाम ही सहूँ।
मिलेगा नहीं मुझे ऐसा उपहार !

बजता रहेगा यह दिन हो या रात,
गरमी हो सरदी हो चाहे बरसात।
इसे तो गीत भी सलाम करता है,
शब्द और सुर कभी नहीं मरता है।
काट नहीं सकती सुरों को तलवार !

सुर ही सुर धरती से आसमान तक,
जंगल से लेकर सबके मकान तक !

ध्यान से सुनो तो आनन्द मिलेगा,
शब्दों का दुर्लभ मकरन्द खिलेगा।
सुबह और कुछ नहीं चाहिए बस प्यार !
सुबह-सुबह कोई बजा रहा सितार !

महानगर

घुटता है दम मेरा इस महानगर में !

गाँव से लाया था अनगिनत सपने,
शहर की भीड़ में मिले नहीं अपने !
बीत रहा है जीवन जैसे-तैसे,
पास नहीं मेरे अब रुपये-पैसे !
हवा तक विषैली हुई है शहर में !

शोरगुल बहुत है नींद नहीं आती,
नींद की थकान दिन-भर नहीं जाती !
सब-कुछ यह सहकर मन रहता भारी,
लगता है करूँ यात्रा की तैयारी !
तिरते हैं हम सब अनदिखे ज़हर में !

ऊपर से शहर है बहुत सुहावना,
लेकिन भीतर है बेहद डरावना !
बनना है मुश्किल बिगड़ना आसान,
छोटी-सी बात पर हम देते प्राण !
अब मरे, तब मरे लगता सफ़र में !

दुख कहें किससे कोई नहीं सुनता,
बार-बार मन में यहाँ यही गुनता !
बदल गया स्वर भी दुख कहते-कहते,
जीवन ही गुज़र गया सहते-सहते !
बहता हूँ दिन-रात अश्रु की लहर में !

घुटता है दम मेरा इस महानगर में !

विचार

कभी नहीं मिटता विचार,
हर कोई इसका शिकार !

जो भी सोच रहा जैसा,
बनता भी है वह वैसा।
सोच यहाँ सबका अपना,
जैसे नींद और सपना।
हर जीने वाले में है
नफ़रत का विष और प्यार !

मन के ऊपर है आत्मा,
उसके ऊपर परमात्मा।
वही यहाँ सब-कुछ करता,
वही खिलता वही झरता !
सब-कुछ वह हमसे लेकर,
लेता है ख़ुद ही पुकार !

एक भीड़ है पनघट पर,
और दूसरी मरघट पर !
दोनों में फ़र्क़ है बड़ा,
जीने मरने का झगड़ा !

कोई यह देख-देख कर,
करता मरण की मनुहार !

कोई नहीं अपने पास,
फिर भी है एक अहसास !
होगा ही सब-कुछ आसान,
चलता है विधि का विधान !
ज्योंही मर गया अभिमान,
वहीं हैं हम सब बेकार !

कभी नहीं मिटता विचार,
हर कोई इसका शिकार !

यात्रा-क्रम

मन करता है वह सब कह दूँ
अब तक मैंने जिसे छिपाया !

कहा-सुना तो जाने क्या-क्या
अब मुझको भी याद नहीं है,
बस्ती वह जिसमें मैं ख़ुश था
शायद अब आबाद नहीं है !
वह तो ख़ुद से भी न कहूँगा
जो कुछ मैंने किया-कराया !

जाने कहाँ-कहाँ से चलकर
तुम तक आना चाह रहा हूँ,
तुमसे मिलने की आशा में
जीवन में मैं बहुत ढहा हूँ !
बता नहीं पाऊँगा—मैंने
कितना मौसम कहाँ गँवाया !

दुनिया तो बस रैन-बसेरा,
लम्बी हैं सबकी यात्राएँ,
कोई नहीं कभी कर सकता
यात्राओं की परिभाषाएँ।
चलने का तो क्रम अनन्त है,
हर यात्री ने यही बताया !

बहुत बड़ी है बस्ती, इसमें
रहते बड़े-बड़े व्यापारी
सौदा बिलकुल नक़द यहाँ पर
क्षण-भर की है नहीं उधारी !
अकसर ग्राहक के सर पर ही
नहीं यहाँ कोई सरमाया !

जादू चढ़ता जिसके सिर पर,
उसकी हालत का क्या कहना !
अच्छा-बुरा मिले जिसको जो
बस उसको ही सहना-सहना !
सब-कुछ सहकर दुनिया में वह
क्षण-भर को भी नहीं लजाया !

मन करता है सब-कुछ कह दूँ,
अब तक मैंने जिसे छिपाया !

जो चाहिए

जो मुझे चाहिए वह दुनिया के पास नहीं !

वैसे तो मेरी चाहत का कुछ अन्त नहीं,
इसीलिए आँखें आँसू से ही भरी रहीं।
लोगों ने समझाया—तुम कुछ भी मत चाहो,
जीवन का सार यही सबको समझाओ !
मरना तो तय ही है, इसलिए उदास नहीं !

मुश्किल तो बनना है, बिगड़ना आसान है,
सब-कुछ यहीं छूटेगा जो भी सामान है।
सोचने-समझने का बिलकुल ही काम नहीं,
छोड़ो लेना-देना, पास तो छदाम नहीं !
सहनशील लोगों का कोई इतिहास नहीं !

मुझे किसी ने कभी नहीं समझाया है कुछ,
जाने क्या करने पर मन पछताया है कुछ !
पछताने के बाद बहुत हलका होता हूँ,
थके मुसाफिर जैसा ही सुख से सोता हूँ !
सोना-जगना भी मेरे वश की बात नहीं !

सदा जिएगा जो मरने से डरे नहीं,
अच्छा न कर सके तो बुरा किसी का करे नहीं।

जो भी करो, भरो भीतर के ख़ालीपन को,
अपने भीतर झाँको तुम छोड़ो दर्पण को !
लगता है अब तक जीवन की शुरुआत नहीं !

जो मुझे चाहिए वह दुनिया के पास नहीं !

उत्तर

समय सवाल करेगा, उत्तर देना होगा !

आसानी से समय किसी को नहीं छोड़ता,
ख़ामोशी के साथ एक दिन हमें तोड़ता,
कभी समय के सागर की कोई चाह नहीं,
और कभी यह करता कोई परवाह नहीं !
बुरे समय को सब-कुछ चना-चबेना होगा !

बिगड़ेगा समय तो सब-कुछ बिगड़ जाएगा,
कभी यह रोएगा कभी यह गाएगा,
यही आकाश भी है यही पाताल भी है,
यही मुसकान भी है यही जंजाल भी है !
जब चाहेगा यह जंगल में मेला होगा !

समय हुआ नाराज़ राम को वन में भेजा
और भरत को पूरा-पूरा राज सहेजा !
समय कभी देवता कभी दानव लगता है,
जो हैं नहीं सचेत उन्हीं को यह ठगता है !
वह क्षण ही सच जब तू निरा अकेला होगा !

मार समय की बहुत बुरी होती है यारो,
अपने कर्मों से ही ख़ुद को यहाँ सँवारो !

पानी में जो डूब रहा है उसे निहारो,
अपनी जान लगाकर उसकी जान उबारो !
बालू में भी हमको नौका खेना होगा !
समय सवाल करेगा उत्तर देना होना !

जीवन

हर दूरी से जीवन बड़ा है !

बूँद से बादल तक
नयन से काजल तक
भूख से प्यास तक
पथ से आवास तक
हर जगह आदमी ही खड़ा है !

नदी से सागर तक
बूँद से गागर तक
राग से विराग तक
भड्डरी से घाघ तक
सीमाओं के बीच जकड़ा है !

दूरी से पास तक
सच से इतिहास तक
ग़रीब से धनी तक
बिगड़ी से बनी तक
आदमी ही सँभलकर लड़ा है !

वसन्त से पतझर तक
साधु से सहचर तक
कीचड़ से कमल तक
असफल से सफल तक
मरण से एक नहीं उबरा है !
हर दूरी से जीवन बड़ा है !

चुप रहिए !

देख रहे हैं जो भी, किसी से मत कहिए,
मौसम ठीक नहीं है आजकल चुप रहिए !

कल कुछ देर किसी सूने में, मैंने की खुद से कुछ बातें,
लगा कि जैसे मुझे बुलायें बिन बाजों वाली बारातें !
कोई नहीं मिला जो सुनता, मुझसे मेरी हैरानी को
देखा सबने मुझे, न देखा मेरी आँखों के पानी को !
रोने लगीं मुझी पर जब मेरी आँखें
हँसकर बोले लोग—माँग मत जो चहिए !

चारों ओर हमारे जितनी दूर तक जीवन फैला है
बाहर से जितना उजला वह, भीतर उतना ही मैला है !
मिलनेवालों से मिलकर तो बढ़ जाती है और उदासी,
हार गये ज़िन्दगी जहाँ पर, पता चला वह बात ज़रा-सी !
मन कहता है दर्द कभी स्वीकार न कर
मजबूरी हर रोज़ कहे—इसको सहिए !

फुलवारी में फूलों से भी ज़्यादा साँपों के पहरे हैं,
रंगों के शौक़ीन आजकल जलते जंगल में ठहरे हैं !
जिनके लिए समन्दर छोड़ा, वे बादल भी काम न आये,
नयी सुबह का वादा करके, लोग अँधेरों तक ले आये !

भूलो यह भी दर्द, चलो कुछ और जियें,
जाने कब रुक जायँ ज़िन्दगी के पहिये !

जनता तो है राम-भरोसे, राजा उसको लूट रहा है
देश फँस गया अँधियारों में, घड़ा पाप का फूट रहा है !
रामराज का सपना टूटा, भूले हम गौतम-गाँधी को,
काले कर्मों में फँसकर हम, भूले उजली परिपाटी को !
बारम्बार हमें समझाते लोग यहाँ–
जैसी बहे बयार आप वैसे बहिए !
मौसम ठीक नहीं है आजकल चुप रहिए !

मन

मन को वश में करो
फिर चाहे जो करो !

करता तो और है
रहता हर ठौर है
वह सबके साथ है
दूर नहीं पास है
तुम केवल याद करो !
फिर चाहे जो करो !

सोच मत बीते को
हार मत जीते को
गगन कब झुकता है
समय कब रुकता है
समय से मत लड़ो !
फिर चाहे जो करो !

रात वाला सपना
सबेरे कब अपना
रोज़ यही होता है
व्यर्थ क्यों रोता है
डर-डर कर मत मरो !
फिर चाहे जो करो !

मुलाक़ात

आज हुई उनसे मुलाक़ात,
जंगल में हो गयी बरसात !

भीगने में भी अजब आनन्द,
लिख रहा बादल बूँदों से छन्द,
बूँदों से मिल बुलबुले खिले,
फूटते हुए हवा से मिले !
यह है मौसम की करामात !

न कुछ पाना है न कुछ खोना,
होने दो, जो कुछ है होना !
करता कोई भरता है कोई,
कोई सोच इसी को रोयी !
यह है सब-कुछ विधना की बात !

किसी को रास्ता बुलाता है,
यही कभी कुछ भटकाता है !
यात्री को केवल चलना है,
चलते-चलते ही ढलना है !
इतनी-भर है अपनी औक़ात

बजाये बिन बजता नहीं साज,
सबका यही है सहज विश्वास !
सुर नहीं सधता बिना साधे,
हों कितने ही गाजे-बाजे !
हर साज सहता है आघात !

जंगल में हो गयी बरसात !

हम-तुम

दुनिया की नज़रों में हम-तुम बहुत पास हैं,
पास-पास भी होकर हम बेहद उदास हैं !

रात गुज़रती सपनों की आवाजाही में
दिन कटता है जीने की आपाधापी में !
जाने कब से ऐसा ही क्रम चला आ रहा,
पता नहीं है कौन कहाँ से कहाँ जा रहा !
ऐसे में भी हम न कभी दिखते निराश हैं !

कर्ता कोई और हमें खुद पर ही भ्रम है,
भ्रम का रूप-स्वरूप हर तरह बहुत अगम है !
हम सबका जीवन ख़तरों के बीच चल रहा,
जीने का आकर्षण हमको रोज़ छल रहा !
फिर भी हम इस मरण-लोक में साथ-साथ हैं !

चलते रहने की ख़ातिर हम रुकते भी हैं
आशीषों के लिए पाँव पर झुकते भी हैं !
कौन हमें किस तरह देखता, हम क्या जानें,
औरों की नज़रों को हम कैसे पहचानें।
हम दोनों तो एक-दूसरे की तलाश हैं !

हम न रहेंगे प्रेम रहेगा सत्य यही है,
हमने देखा प्रेम-कथा का अन्त नहीं है।
राम करे सबका जीवन सुखमय हो जाए,
दुख की परछाईं न किसी को भी छू पाए !
अन्धकार उड़ जाता जब आता प्रकाश है !

दुनिया की नज़रों में हम-तुम बहुत पास हैं !

साथ रहो

साथ रहो तुम, सब-कुछ सह लूँगा !

दुख को सहकर ही तो सुख होगा,
कहोगे दर्द तो दुख ही होगा,
एक दिन हर कोई विमुख होगा,
तभी एक गीत और कह लूँगा !

अब मुझको कुछ भी नहीं ज़रूरी,
मन बेहद मगन, नहीं मजबूरी,
दुखी वही जिसको नहीं सबूरी,
जैसा तुम चाहोगे, रह लूँगा !

साँस की यात्रा अनूठी है,
बाक़ी तो यह दुनिया झूठी है,
मुझसे यह कायनात रूठी है,
किसी कमज़ोर का हाथ गह लूँगा !

साथ है रास्ता चल रहा हूँ मैं,
सूरज जैसा ही ढल रहा हूँ मैं,
ख़ुद को ही यहाँ छल रहा हूँ मैं,
पानी के बिना ही बह लूँगा।

सामने रहिए

मौत भी मार नहीं सकती मुझे
आप बस यों ही सामने रहिए !

भूल जाते हैं लोग ख़तरों को
प्यार की बात ही कुछ ऐसी है,
कोई ऐसा नहीं मिला हमको,
जो बता सकता मौत कैसी है ?
हम तो कुछ जानते नहीं अब तक
आप कुछ जानते हों तो कहिए !

सामना सच का कीजिए हँसकर,
फिर मिलेगा वही जो सच्चा है !
दीन-दुनिया को पीठ दिखलाकर
बेख़बर पूरी तरह बच्चा है !
ज़िन्दगी की मुश्किलों को आप भी
एक बच्चे की तरह ही सहिए !

देखा जाएगा कल होगा जो—
आज को पूरी तरह जी लो तुम,
प्यास का बुझना ही ज़रूरी है
गर नहीं पानी आग पी लो तुम,
आख़िरी साँस के रहते-रहते
आग-पानी के साथ ही बहिए !

होना है जो भी वह होगा ही,
तुम करो तुमको जो करना है,
रास्ते हैं यहाँ बहुतेरे मगर–
तुमको किस राह से गुज़रना है,
मन बहुत है मिलें हम मंज़िल से–
बस यही सोचकर चलते रहिए !

तुम्हीं बताओ

तुम्हीं बताओ तुम्हें छोड़कर किसको पाऊँ ?

तुम्हें पता होगा मैं कब से भटक रहा हूँ,
सुख-दुख की लहरों के सँग मैं रोज़ बहा हूँ,
तुमसे मिलकर और किसी से नहीं मिलूँगा,
जब चाहोगे तब मैं माटी-मोल बिकूँगा,
बिछुड़ गया हूँ तुमसे तुम तक कैसे आऊँ ?

मैं उस बस्ती में हूँ जिसमें सभी पराये,
मैं ही नहीं अकेला सब के सब घबराये !
है किसकी औक़ात यहाँ पर रुक जाने की,
गहराई मत पूछ मौत के तहख़ाने की,
तहख़ाने के भीतर कैसे दिया जलाऊँ ?

दुनिया मुझे भले ही छोड़े तुम मत छोड़ो,
मेरी सारी राहें अपने घर को मोड़ो,
सिवा तुम्हारे और किसी को कभी न जानूँ,
तुमको अपने प्राणों का भी प्राण बना लूँ !
मैं क्या हूँ ? कैसा हूँ ? तुमको क्या बतलाऊँ !

सुबह-सुबह की मन्दिर में आरती हो रही,
भक्तजनों की सुधि-बुधि जाने कहाँ खो रही ?
मन्दिर से घर आने को मन नहीं कर रहा,
देवमूर्ति के आनन से आनन्द झर रहा !
ऐसे क्षण लगता है खुद पर ही बलि जाऊँ !

नहीं जिया

मुझको किसी ने मेरी तरह से नहीं जिया !
फिर भी सभी को राम-राम, सबका शुक्रिया !

दुनिया में किसी ने कभी परवाह नहीं की,
मैंने तो किसी से कभी कुछ चाह नहीं की !
जिसने भी मुझे जान लिया, मेरा हो गया,
मैं थक गया जहाँ भी, वहीं थोड़ा सो गया !
कुछ पाने के लिए किसी को दुख नहीं दिया !

आकाश हो या धरती, मैं सबके साथ हूँ,
जो प्यार दे मुझे यहाँ मैं उसके हाथ हूँ !
परिवार से पड़ोसी तलक सबसे ही मिला,
मेरा किसी से कभी होता नहीं गिला !
मैंने किसी से आज तक कुछ भी नहीं लिया !

हर एक इस जगत् में मुझे राममय लगा,
मत पूछो मुझे यहाँ किसने कितना ठगा !
चलता रहा न जाने कहाँ जाने के लिए,
रस्ते में मैं रुका नहीं कुछ पाने के लिए !
जब प्यास लगी मुझको तो आँसू भी पी लिया !
मुझको किसी ने मेरी तरह से नहीं जिया !

मत कहिए

अपने मन की बात किसी से मत कहिए !

बने-बने के साथी हैं सब
बिगड़ा वक़्त लोग सब छूटे !
कोई रस्ते चलते हँसता
कोई मौक़ा पाकर लूटे !

मुझे छोड़कर मेरा दर्द न जाने कोई,
दुनिया कहती, मन जो कहे वही करिए !

महलोंवाले समझ न पाये
भूख-प्यास कैसी होती है !
कई बार देखा है मैंने
कैसे निर्धनता रोती है !

अन्यायों से लड़ने को जब भी बाँह उठायी,
कहा सयानों ने तब अलग-थलग रहिए !

गगन मगन दूल्हे जैसा है,
धरती उसकी दुलहिन प्यारी !
दूर-दूर होने की दोनों–
नहीं बताते क्या लाचारी !

धरती और गगन दोनों ही कहते हँसकर–
अपने मन की बात किसी से मत कहिए !

ज़हर

साँप से ज़्यादा मनुष्य में ज़हर है !

कलियुग में यह बात आम है,
साँपों को बहुत आराम है,
नयी सदी का यह पहला पहर है !

अब यहाँ प्रेम-संवाद नहीं,
घृणा का कोई अनुवाद नहीं,
आओ तलाशें प्यार, जो अमर है !

वन कटे छाँव नहीं राई-भर,
अता है तरस अमराई पर,
समय ने सब पर ढाया क़हर है !

साँप से ज़्यादा मनुष्य में ज़हर है !

यह जो बदन है

यह जो बदन है, माटी का रतन है,
पानी में घुलेगा, आग में जलेगा !

तन को किसी ने चाहा नहीं छोड़ना,
फिर भी सबसे अचानक छूटता है !
वक़्त पूरा होते ही एक बुलबुले-सा
हवा लगते ही यह तुरन्त टूटता है !
कौन जाने फिर किस रूप में कहाँ यह
किन अँधियारों-उजियारों में ढलेगा !

दीन और धर्मों की बात करते जो,
वही सब ख़ून औ'ख़राबा करते हैं !
तन के दिये को तोड़कर यही लोग
मौत के बिना ही दिन-रात मरते हैं !
आओ मिल करके बचायें हम ख़ुद को,
तभी जादू प्यार का जग में चलेगा !

प्यास और पानी तो बिलकुल सगे हैं
यह एक-दूसरे के प्यार में पगे हैं !
सोये नहीं कभी सदा जागते रहे,
इसीलिए दोनों ही बिलकुल तगे हैं !
ऐसा प्यार होगा तो उनको कभी भी
कौन भला जग में कहीं भी छलेगा !

प्रश्नों के बीच आज आदमी अकेला,
अपने ही दर्दों के साथ सदा खेला !
कोई नहीं उसको कहीं भी बचाता,
इसीलिए आज कहीं आता न जाता !
जब कभी होगा समापन इस खेल का,
वहीं कोई नया मनु-पुत्र फिर जगेगा !

तलाश

हर वक़्त जो मेरे पास है,
मुझे उस रूह की तलाश है !

इसका न आदि है न अन्त है,
यह बारहमासी वसन्त है,
कभी गीत, कभी संगीत है,
अमरता का यही प्रतीक है,
चाँद और सूर्य के बग़ैर
यह एक जादुई उजास है !

किसके विचारों में कौन है ?
उत्तर नहीं केवल मौन है !
सुख है सदा ही उपकार में,
जो नहीं बिकता बाज़ार में !
जहाँ नहीं होता है कोई
वहीं सही सुख का निवास है !

कोई जब द्वार खटखटाता है,
बिना कुछ बोले ही बुलाता है !
आग में सोना जला निखरा,
बनने को पेड़ बीज बिखरा !
जीवन के जोखिम से डरकर
जो बना नहीं वह निराश है !

दिल से हों बस दिल की बातें,
चाहे दिन हों चाहे रातें !
गले लगाती हवा सभी को,
नहीं देखती किसी कमी को !
क़ैद नहीं होती है हवा
कभी नहीं होती उदास है !

स्वयं के प्रति

दूसरों को पीछे, पहले ख़ुद को टटोलो !
बुरा मत बोलो !

ज्ञान की ऊँचाइयों का कोई, सम्बन्ध नहीं है उनसे,
जो अपने ही अर्थहीन अहम् के साथ भटक रहे हैं !
इन्हें उनके दर्द और कष्ट का क्या पता,
जिन्होंने सृजन, संघर्ष और सत्य के संकट सहे हैं !

बड़ा तो वह है जो औरों को बड़ा करे,
सबकी आँखों में कुछ नया-नया रंग भरे !
मन के दर्पण में तुम ख़ुद को निहारो,
औरों को छोड़ो, अपने लिए ही कुछ खोलो !
दूसरों को पीछे, पहले ख़ुद-को टटोलो !
बुरा मत बोलो !

शंख पूजा में हो, चाहे रणभूमि में
खुद नहीं बजता कोई और ही बजाता है !
वह तो मात्र माध्यम है–
आवाज़ कोई और ही लगाता है !

भीड़ की हलचल में तुम किसके कारण हो–
घृणा के कि प्यार के, पूजा अथवा अहंकार के !

इस अभिव्यक्ति के लिए, केवल ज़बान ही नहीं,
मन के द्वार खोलो, पहले ख़ुद को टटोलो !
बुरा मत बोलो !

मृत्यु तो सबका ही इन्तज़ार करती है,
कभी-कभी वह भी किसी यात्री पर मरती है !
जीवन की राहें तो सबको अपनाती हैं,
पाँव हों किसी के भी सबको चलाती हैं !
दूसरों को पीछे, पहले ख़ुद को टटोलो !
बुरा मत बोलो !

क़ैदी

हम सब क़ैदी हैं दुनिया की बड़ी जेल में !

आसमान के नीचे जाने क्या-क्या होता,
कोई पाता सब-कुछ, कोई छिपकर रोता;
चुप-चुप हैं कुछ लोग और कुछ हँसते रहते,
कुछ को सुख लेकिन ज़्यादा तो दुख ही सहते !
हमें नहीं मालूम—थका है कौन खेल में !

खाना-पीना, सोना-जगना आम बात है,
कभी यहाँ घूँसा उठता तो कभी लात है;
कुछ हैं जो कोठों पर भी आते-जाते हैं,
और नाचने वाली के सँग हो जाते हैं;
कभी-कभी थाने जाते हैं बुरे फ़ेल में !

न्याय और अन्याय ख़रीदा जा सकता है,
ऊँचे-नीचे दाम बता कोई ठगता है;
कोर्ट-कचहरी का भी है कुछ रंग निराला,
जिनको इनका शौक़ उन्होंने देखा-भाला;
मज़ा उन्हें मिलता है ऐसी रेलपेल में !

रातों-रात यहाँ भारी सौदे होते हैं,
कुछ को मिलता बहुत और कुछ तो खोते हैं;
दिन होते ही होती है फिर अफ़रा-तफ़री,
आपस में है कभी लड़ाई कभी मसखरी;
सभी बँधे हैं एक-दूसरे की नकेल में !

हम सब क़ैदी हैं दुनिया की बड़ी जेल में !

गाँव

भूल नहीं पाता मैं गाँव को कभी !

माटी के छोटे-छोटे प्यारे घर,
आँगन में बिरवा तुलसी मैया का !
बिछी हुई खटिया चौपाल में सदा,
काँधे पर लाल अँगौछा भैया का !
जैसे अँगौछे को धोया है अभी !

पूरा दिन नीम तले कट जाता था,
उठकर फिर कामधाम में लगते थे !
डूब गया दिन, चरवाहे लौट रहे
दिन-भर जो इधर-उधर भगते थे !
फिर भी सदा दिखते वे हँसमुख सभी !

देवी शीतला का वह प्यारा-सा मन्दिर,
रोज़ फूल देता था बिरजू माली !
रहता था खुश थोड़े पैसे पाकर,
करता था वह फूलों की रखवाली !
मैं बहुत छोटा था, बात है तब की !

जोधई अहीर का बेटा नेबाज,
आल्हा की धुन पर जो कुछ गाता था !

कभी-कभी अपने घर लाकर उसको,
दादी से कहकर भोजन कराता था !
देखता था वह मुझे बाँध टकटकी !

आम और महुए के बड़े से बाग़,
पुरखों की दया से हमको मिले थे !
होती थी इनसे भारी कमाई,
पैसा पाकर के चेहरे खिले थे !
इनकी कमाई तो कभी नहीं थमी !
भूल नहीं पाता मैं गाँव को कभी !

'निराला' के प्रति

तुम धरती पर चलते-फिरते आसमान थे !

तुमने गाये गीत कण्ठ में बादल भर-भर,
तुम्हें ढूँढ़ने चले पर्वतों से गिर निर्झर,
जिसे मिटाने वाला कोई हुआ न होगा,
तुम संस्कृति की परम्परा के वह निशान थे !

गंगा के तट पर भी रहकर जो प्यासा था,
जो भूखे-प्यासे भिखारियों की भाषा था,
ताला, चाभी, साँकल कुछ भी नहीं जहाँ थे,
तुम कलियुग में सतयुग वाले वह मकान थे !

रहे ढूँढ़ते सावन को तुम अग्नितरी में,
नंगे पाँवों चले जेठ की दोपहरी में,
जिसको कोई झुका नहीं पाया जीवन-भर—
संघर्षों की प्रत्यंचा पर तुम वह कमान थे !

नये सृजन के लिए नींद-भर कभी न सोये
ख़ुद से ही तुम हँसे और ख़ुद से ही रोये !
जो न समर्पित हुआ किसी भी दुख के आगे—
तुम उस कालजयी कवि के वह स्वाभिमान थे !

इलाहाबाद

दूर हो गया हूँ मैं ईलाहाबाद से,
उतर नहीं पाता यह दुख मन से !

उजली लहरों में गंगा-यमुना की
सुबह-सुबह रोज़ ही नहाता था मैं,
रहता था सारा दिन हलका-हलका,
रोज़ नया गीत गुनगुनाता था मैं !
करता था बातें मैं नीलगगन से !

गंगा के पास ही था गंगा-मन्दिर,
वहाँ कुछ देर को ही रुकता था मैं,
मिलता था जब कोई साधु राह में,
आदर के साथ सदा झुकता था मैं !
मतलब नहीं था मुझे किसी भवन से !

बाँध वाला मन्दिर हनुमान जी का,
सन्त वाल्मीकि का था पावन आश्रम,
आश्रम में जाकर मुझको लगता था–
रहा नहीं मुझमें संसार का भरम !
मन मुक्त होता था मोह की तपन से !

अकसर ही जाता था मैं बलुवा घाट,
बैठ वहाँ करता था यमुना-दर्शन !
कभी-कभी लगता था छोटा मेला,
यमुना-मन्दिर में होता था पूजन !
सब-कुछ मिलता है भीतरी लगन से !

'निराला', महादेवी, पन्त औ' 'फ़िराक़',
'बच्चन', भारती और डॉक्टर 'रसाल'–
इन सबकी कर्मभूमि था यही नगर,
इनकी निकटता पा हुआ मैं निहाल !
कविता मुझे भी मिली इसी आँगन से !

दूर हो गया हूँ मैं इलाहाबाद से,
उतर नहीं पाता यह दुख मन से !

होली और रंग

जो भीतर तक रँग देते थे,
वे रंग न जाने कहाँ गये ?

आओ मिलकर प्रार्थना करें,
होली में मन का मैल जले !
हम निश्छल मन से मिलें-जुलें,
कोई न किसी को कभी छले !
जो सिर को सजदा करते थे,
वे लोग न जाने कहाँ गये ?

हैं सबकी अलग-अलग राहें,
इसलिए सभी कमज़ोर हुए !
हम शान्ति ढूँढ़ते हुए आज,
केवल अशान्तिमय शोर हुए !
जो सबको साथ चलाते थे,
वे पन्थ न जाने कहाँ गये ?

रंगों के मौसम में भी क्यों
हमको कुछ लोग उदास मिले !
कुछ कारण तो होगा ही जो,
उनके नयनों में अश्रु खिले !
जो आँसू लेकर हँसते थे,
वे नयन न जाने कहाँ गये ?

आवाज़ें ही आवाज़ें हैं,
पर वह आवाज़ कहाँ पर है !
जिसको सुनने के लिए भटकता,
जाने कब से पतझर है !
जो सन्तों के सँग आये थे,
वे छन्द न जाने कहाँ गये !

कभी-कभी

टूटना होगा तो टूट जाएँगे,
उनकी बातें नहीं बताएँगे !
उनसे जो वादा है निभाएँगे,
उनको पाकर ही चैन पाएँगे !

फूल, काँटों को सह रहे हैं क्यों ?
इस तरह लोग रह रहे हैं क्यों ?
कोई तो बात होगी ऐसी ही,
वरना फिर लोग कह रहे हैं क्यों ?

वक़्त आता है चला जाता है,
कोई रोता है कोई गाता है !
कोई जुड़ता है ज़िन्दगी से तो,
कोई चुपचाप टूट जाता है !

जब मुझे माँ की याद आती है,
ज़िन्दगी थोड़ी ठहर जाती है !
छाँव आँचल की छिन गयी जब से,
तब से दुनिया मुझे डराती है !

मुझको हर बात का जवाब न दो,
प्यास पानी की है शराब न दो !
जिसको पढ़ करके हम दुखी इतने,
कम-से-कम हमको वह किताब न दो !

हर समय होशियार रहिए अब,
साँपों के वंश देश-भर में हैं !
रोज़ ही क़त्ल हो रहा अमृत,
हम अमृत-पुत्र सब ज़हर में हैं !

आग सुनती नहीं जलती-भर है,
धूप मरती नहीं ढलती-भर है !
टूट जाती बर्फ़ झुकती नहीं,
प्यास पीने को यह गलती-भर है !

तुम मेरे आसपास हरदम हो,
कभी हो आग कभी शबनम हो !
मेरे हर शब्द में तुम ही तुम हो,
तुम मेरी वासना हो, संयम हो !

दोहे

जिसे नहीं कुछ चाहिए, वही बड़ा धनवान।
लेकिन धन से भी बड़ा, दुनिया में इनसान॥

चारों तरफ़ मची यहाँ, भारी रेलमपेल।
चोर उचक्के ख़ुश बड़े, सज्जन काटें जेल॥

राज कर रहे आजकल, घटिया-घटिया लोग।
जनता भूखी पर मन्त्री जी, खाते मोहनभोग॥

मतलब की है दोस्ती, देख लिया सौ बार।
काम बनाकर हो गया, जिगरी दोस्त फ़रार॥

तेरे करने से नहीं, होगा बेड़ा पार।
करने वाला तो यहाँ, है केवल करतार॥

दुनिया में सबसे बड़ी, दौलत है ईमान।
यह दौलत मिल जाय तो, हो जाए कल्याण॥

दुख को मत दुतकारिए, यही सुखों का द्वार।
जो दुख सहता है उसे, सुख भी करता प्यार॥

चक्का चलता मौत का, दुनिया में दिन-रात।
लगता सबको एक दिन, यह गहरा आघात॥

कर सकते हो तो करो, दुखियों से अनुराग।
यही सीख देता हमें, गौतम का गृह-त्याग॥

औरों के दुख को यहाँ, अपना ले जो मान।
वही सदा संसार में, पाएगा सम्मान॥

बहती नदिया कह रही, चलो हमारे साथ।
भव-बन्धन से क्यों जुड़े, छोड़ो इसका हाथ॥

पड़ोस का मकान

जल रहा पड़ोस का मकान
हो रहा है लाल आसमान, सावधान हो !

आग है पुरानी इसको पानी चाहिए नया,
रोटियों के साथ-साथ आदमी भी जल गया,
अधजले पड़ोसियों की भीड़ द्वार-द्वार है,
उनके दर्द में नये मनुष्य की पुकार है !
रह न जाय यह पुकार अनसुनी कहीं,
सुन लें हिन्दू और मुसलमान,
थरथरा रहा है—वर्तमान, सावधान हो !

आग के समुद्र में नहा रहा विनाश है,
दानवों की भीड़ आदमी के आसपास है,
यह धरम-करम का नहीं देश का सवाल है,
जान से भी ज़्यादा हमें देश का ख़याल है !
पूर्वजों की कीर्ति को नवीन अर्थ दो,
जन्मभूमि स्वर्ग से महान,
डगमगा न जाय यह गुमान, सावधान हो !

जल गये सुहाग, राख हो गयी हैं बस्तियाँ,
मौत के धुएँ में घुट रहीं जवान मस्तियाँ,

सूने-सूने गाँव-गली, मर गयी चहल-पहल,
स्याह हो गयी है खेत की हरी-हरी फ़सल,
गाँव-गाँव गली-गली भूख नाचती,
गोलियों के सामने जवान
ख़ून की नदी में है क़ुरान, सावधान हो !

अग्निबाण को पुकार, घोर अन्धकार है,
भूल नहीं तू ही परशुराम की कुठार है,
कृष्ण को बता कि ब्याल फिर से फन उठा रहा,
देवभूमि पर विषैली आँधियाँ उड़ा रहा,
नीलकण्ठ से कहो कि फिर से ताण्डव करें,
दाँव पर लगा है स्वाभिमान,
मुक्ति माँगती है प्राणदान, सावधान हो !

एक बार जीना और एक बार मरना है,
बात सच यही, तो किसलिए किसी से डरना है !
आओ हम मनुष्य को नया-नया समाज दें,
रक्त-भरी–राजनीतियों को रामराज दें !
आओ एक बार फिर से देश को सँवार लें,
देखता हमें सकल जहान,
झुक न जाय देश का निशान, सावधान हो !

जल रहा पड़ोस का मकान,
लाल हो गया है आसमान, सावधान हो !

तुम जीते

तुम जीते हम हारे !

जीत तुम्हारी बेहद प्यारी,
तुम हो ख़ुशियों के व्यापारी,
मैं जाऊँ तुम पर बलिहारी,
तुम आँखों के तारे !

जनम-जनम तक तुमको पाऊँ,
अपनी क़िस्मत पर इतराऊँ,
तुमसे कुछ भी नहीं छिपाऊँ,
गाऊँ गीत तुम्हारे !

आजीवन मैं तुम्हें पुकारूँ,
मिलने पर आरती उतारूँ,
तन-मन-धन सब वारूँ,
मेरे तुम्हीं सहारे !

धूल-धूसरित हूँ मैं तब से,
बिछड़ा हूँ तुमसे मैं जब से,
एक दरस को व्याकुल कब से !
तुमको कौन सँवारे ?

उस पार

जाना है मुझको उस पार,
कर रहा नाव का इन्तज़ार !

नाव कहाँ है राम जाने–
जाऊँ यह किसको बताने ?
पहुँचूँ जहाँ जल अथाह हो,
बस इतनी मन की चाह है !
पास नहीं कोई अधिकार !

जहाँ पानी वहाँ लहर है,
जैसे साँप और ज़हर है,
साँसों की सीढ़ियाँ अजीब,
बराबर हैं अमीर-ग़रीब !
कितना कठोर है संसार !

किसके लिए हूँ पता नहीं,
बेहद थका हूँ तपा नहीं,
रहेगा यहाँ कोई नहीं,
नदी एक पल रुकती नहीं–
कर रही है सोच-विचार !

सागर ही नदी का घर है,
कभी नहीं मरता, वह अमर है !
घटता है यह न बढ़ता है,
न किसी से कभी लड़ता है,
होता नहीं कभी लाचार !

जाना है मुझको उस पार !

निर्बन्ध

जीवन-क्रम

जीवन का अनन्त पारावार
कितना दुर्गम, कितना दुर्निवार
उसमें भी तुम जी सके प्रेम और प्यार !
इसके लिए स्वीकारो—मेरी बधाई मेरा आभार !

एक नहीं, कितने ही, तुम्हारे स्पर्श
रह-रह कर बजते हैं मेरे उच्छ्वास में
उड़ते हैं जैसे बादल वर्षान्त के
अन्तहीन, शब्दहीन गहरे आकाश में !
जुड़ते हैं जैसे भ्रमरों के मोहक गुंजन
फूलों से सजे हुए मोहक मधुमास में !

स्वागत की इस पवित्र वेला में
अर्पित करता हूँ तुम्हें
कभी न समाप्त होनेवाला
यह जीवन-क्रम,
कुछ यथार्थ, कुछ भ्रम।
आघात-संघात
दुख-शोक-ताप, वरदान, अभिशाप,
शान्ति-अभिषेक, पशुता-विवेक
मन्दिर के शंख, पराजितों के दर्द

तुम कहो या न कहो,
समाज की इस सेवा-यात्रा में
इन सारे दुर्गम पड़ावों से होकर तुम गुज़रे हो !
ऐसी यात्रा में भी मुरझाये नहीं, हरे हो !
मित्र मेरे ! चाहता हूँ तुमको नज़र न लगे,
सावन के मत्त मेघ-खण्ड की तरह
बरसते ही रहो आजीवन स्नेह-धार !
जीवन का अनन्त पारावार
कितना दुर्गम, कितना दुर्निवार !

ओ धरित्री !

ओ धरित्री ! गीत वह फिर पक्षियों के कण्ठ में भर दो
जो दिशाओं में कहीं पर सो गया है !

रक्त-नद में आज डूबा टूटकर आकाश,
फूल का हर रंग तोपों से घिरा है आज,
पक्षियों के गीत सुनकर सो रही है रात,
दीप्ति आँखों की बनी है अश्रुमय बरसात !

मूक सदियाँ मुखर, टूटा कालव्यापी मौन,
गरजता है देश, सीमा पर खड़ा है कौन ?
थरथरायी भूमि, जागा नया जीवन
गहन अन्तस में, नयी ध्वनि, नया कम्पन !

ओ धरित्री ! गीत वह फिर पक्षियों के कण्ठ में भर दो
जो दिशाओं में कहीं पर सो गया है !

जो हृदय है घृणा औ' विद्वेष का आवास,
वहाँ ज्योतित करो मन का प्यार और प्रकाश !
हवा, पानी, गगन जैसा निर्विकार मनुष्य हो,
जवानी के रक्त-सा अविजित, अजेय भविष्य हो !

चमकती है माँग के सिन्दूर जैसी मुक्त धरती,
बादलों की गर्जना में गीत की गुंजार भरती !
उड़ रहा जन-मन गगन में प्रेम के डैने लगाये
है कहाँ कोई कि जो जन-शक्ति को बन्दी बनाये !

ओ धरित्री ! गीत वह फिर पक्षियों के कण्ठ में भर दो
जो दिशाओं में कहीं पर सो गया है !

कल हुआ जो सूर्य घायल, आज रत्न बिखेरता है,
ख़ून आँगन तक जहाँ था, वहाँ केकी नाचता है,
हर नदी के साथ अब आज़ाद तन-मन डोलते हैं,
काल की हर नाव ठहरी, पाल बच्चे खोलते हैं !

चमचमाती चोटियों पर विहँसकर नगराज हिमगिरि
इस नये संघर्ष के उत्कर्ष को दुलरा रहा है,
और सूरज अनगिनत किरणों सहित फिर,
पेड़-पौधों और पूरी प्रकृति को नहला रहा है !

ओ धरित्री ! गीत वह फिर पक्षियों के कण्ठ में भर दो
जो दिशाओं में कहीं पर खो गया है।

(एक तेलुगु कविता पर आधारित)

तुम्हारे जाने के बाद

मेरे दोस्त !
तुम्हारे जाने के बाद
कुछ नहीं ऐसा
जिसे नया कहा जाय !
वैसी ही शामें, वैसी ही रातें
और वैसी की वैसी ही है
गोष्ठियों-आयोजनों की गहमागहमी !
लोग भी क़रीब-क़रीब वही हैं,
मगर मेरे पास नहीं है अब
तुम्हारे जैसा प्यार-भरा यार !
वह यार—
जो मेरी अच्छाई और बुराई को
एक त्योहार की तरह स्वीकारता था !

मेरे दोस्त !
तुम्हारे जाने के बाद मैं
भीड़ में भी एक सन्नाटे की तरह रहता हूँ :
किसी से कुछ नहीं,
सब-कुछ ख़ुद से ही कहता हूँ।
तुम्हारे जाने के बाद तुम्हारे बारे में,
बहुत-कुछ सुनने और समझने के अवसर मिले
कोई तुम्हें याद करके रो दिया

कोई हँस दिया !
किसी ने तुम्हारी ढेर सारी कमियाँ बतायीं
और किसी ने तुम्हारी और अपनी अन्तरंगता की
कुछ हलकी-फुलकी मनगढ़न्त कथाएँ सुनायीं !

मैं यह सब सुनकर तुम्हें याद करता हूँ
किसी एकान्त में बैठकर सोचने लगता हूँ—
तुम कितने सहज-सरल थे !
जैसे भी, जो कुछ भी थे, जिसके भी थे,
किसी को भी अपनाकर
अपनत्व को निभाते थे !
एक दिन तुम मेरे साथ थे
अब इतिहास के साथ हो !
इतिहास तो गूँगा है, बोलता नहीं,
वरना मैं पूछता उससे
तुम्हारा हालचाल
और करता एक सवाल—
आख़िर असमय ही क्यों चला गया
तुम्हारे जैसा निष्कलुष इन्सान !
कोई नहीं देगा मुझे उत्तर
मगर मैं हमेशा
उत्तर की प्रतीक्षा करूँगा !
क्योंकि मुझे लगता है—
तुमसे कहीं-न-कहीं
एक बार फिर मिलूँगा !

पूरे दिन

आज पूरे दिन
अपने से मिलने को तरस गया !
दोपहर कुछ कहे बिना
जाने कहाँ चली गयी।
देर हुई–
साँझ होने को आयी
सूरज का चमकदार चेहरा पियराने लगा
पक्षी घोंसले के लिए चिल्लाने लगा,
मगर मेरे आसपास
कुछ लोग बहुत बेचैन हैं
शाम की महफ़िलों के लिए
और कुछ अपनी मंज़िलों के लिए,
मगर मैं–
अपने से ही निस्संग
जैसे असहाय तरंग
आकाश की तरह अकेला !
और तो और–अब तो मुझसे
अकेलापन भी घबराने लगा है,
शायद इसीलिए मुझे औरों की तरह
घर का ख़याल आने लगा है !

स्मृति-शेष

(मैथिलीशरण गुप्त के प्रति)

ओ राष्ट्रकवि ! तुम हो जहाँ
मेरा समादर तुम्हें बारम्बार है।
आज तुम होते अगर, तो देखते उस राष्ट्र को—
जिसकी गुलामी के अँधेरों से कभी तुम भी लड़े थे;
राष्ट्र, जिसकी ज़िन्दगी के वास्ते
तुम मौत के आगे खड़े थे।
राष्ट्र जिसके दर्द में तुमने मुखरमय छन्द, शब्द-स्वर जड़े थे !
राष्ट्र जिसकी मुक्ति-वेला में
तुम्हारे काव्य के अविजित, अनश्वर स्वर तथागत-से खड़े थे !
आज तुम होते कहीं तो देखते उस देश को
जिसकी गुलामी के अँधेरों से कभी तुम भी लड़े थे !

देश, जिसको दासता से मुक्त करके,
देख पाये तुम बहुत थोड़े समय तक,
काश, तुम होते कहीं तो देखते भारत कहाँ है !
किन्तु अब मैं सोचता हूँ, तुम नहीं हो आज अच्छा ही हुआ यह,
क्योंकि अब वह देश, जिसके लिए तुमने
प्रेम को ही धर्म माना, काव्य को ही कर्म माना,
सिर्फ़ माना ही नहीं, इन मूल्यों को जिये भी तुम
किन्तु देखो अब तुम्हारा देश भारत, जहाँ तुमने लिखे—
'भारत भारती', 'साकेत' जैसे कालवाही काव्य,

जिनकी कीर्ति से केवल तुम्हीं भर नहीं—
पूरा देश और हर देशवासी जुड़ गया था !

किन्तु अब वह देश आधुनिक है !
अब उसे कविता नहीं—
कविता सरीखी कुछ अदाएँ,
समझ में न आयें ऐसी कल्पनाएँ चाहिए,
—जो काव्य को बाज़ार के क़ाबिल बनायें !
अब तुम्हारे राष्ट्र को कविता नहीं,
अकविता चाहिए !

क्षमा करना महाकवि मुझको—कि जो भी कह रहा हूँ—
अब तुम्हारे देश को कबिरा नहीं कंचन सुहाता है !
मुझे पिछला समय बरबस याद आता है !
डर रहा हूँ अधिक कहने से,
लिखा थोड़ा समझना बहुत इसको,
आज इतना ही, कभी आगे लिखूँगा और !...
देश को फिर शुद्ध कविता की बड़ी दरकार है !
राष्ट्रकवि ! तुम हो जहाँ, मेरा समादर तुम्हें बारम्बार है !

काला दिन

एक दिन एक काला दिन आएगा
सब-कुछ ले जाएगा
सिर्फ़ धुआँ ही धुआँ मँडराएगा !

आदमी का तन-मन, भूख और भोजन
यह रूप और यौवन, अट्टहास, अभिनन्दन—
इन सबको आपस में बाँटकर
सुख के साथ जियो,
जीवन के रस को विष नहीं
अमृत बनाकर पियो !
एक दिन तुमसे जीवन का हिसाब माँगा जाएगा !
एक दिन एक काला दिन आएगा !

हमारी आकांक्षाओं के हरे-हरे पात
डाली पर झूलने के पहले ही झड़ गये,
लेकिन मुझे अब भी विश्वास है
बाग़ का पत्ता-पत्ता पतझर को नहीं
वसन्त को गाएगा

एक दिन एक काला दिन आएगा
सब-कुछ ले जाएगा
सिर्फ़ धुआँ ही धुआँ मँडराएगा !

एकादशी

धीरे बहो

धीरे बहो गंगाजी, धीरे बहो जमुनाजी,
नाव फिर भँवर में है !

डरा-डरा माँझी, नाव है पुरानी,
हवा बहे उलटी, तेज़ बहे पानी।

पार हमें जाना है, रास्ता अजाना है,
डर तो हर लहर में है !

रेत पर पड़ी हैं ऋषियों की ऋचाएँ,
लोग अब नहीं वे, जो इन्हें उठायें।

हर तरफ़ उदासी है जो हमें बताती है—
आँसू हर नज़र में है !

क़ातिलों से ज़्यादा खुद से हम डरे हैं,
तन को जी रहे पर मन से हम मरे हैं।

घर में ही लड़ाई है, दोस्ती लजायी है,
युद्ध फिर ख़बर में है !

जंगलों से ज़्यादा डर है बस्तियों में,
नफ़रतों का डेरा दिल की वादियों में।

लोग बड़े घबराये, कौन किसे समझाये।
ख़ून पूजाघर में है !

दुनियादारी

एक ज़हर है चन्दन-वन में,
एक ज़हर है मेरे मन में।
मैं दोनों के बीच खड़ा हूँ
    जीने की लाचारी में।

आनेवाले दिन अनजाने,
जानेवाले चले गये;
बतलाकर भी क्या होगा अब
बुरे गये या भले गये !

समय किसी के हाथ न आये,
कभी हँसाये कभी रुलाये।
पता नहीं हम कितना रोये
    हँसने की तैयारी में !

बहुत देखने की कोशिश की,
दिखी न कोई सूरत पूरी;
मैंने जो भी जिया वही था
जीना मेरे लिए ज़रूरी।

कोई कुछ भी अर्थ लगाये,
मेरी समझ सिर्फ़ यह आये,
हर सूरज सूली चढ़ता है
    रोज़ किसी अँधियारी में !

दिल की नज़रें नीची करके,
उलझे हैं सब देह-जाल में।
सबके सब बेहद अशान्त हैं
जैसे बिजली मेघमाल में।

हर कोई घायल दिखता है,
इसीलिए कोई लिखता है;
सिवा दर्द के हाथ न आया
कुछ भी दुनियादारी में !

हर बस्ती में देखा मैंने
प्यास बहुत, पर पानी कम है;
डरा-डरा इनसान लग रहा
जाने यह कैसा मौसम है !

खौल रहा है सबके अन्दर
कोई एक उदास समन्दर,
जाने कब मशाल जागेगी
राख दबी चिनगारी में !

असम्भव

ऐसा कभी होगा नहीं !
ऐसा कहीं होता नहीं !

धरती जले बरसे न घन,
सुलगे चिता झुलसे न तन,
बिजली गिरे काँपे न तम,
औ' ज़िन्दगी में हों न ग़म,

ऐसा कभी होगा नहीं !
ऐसा कहीं होता नहीं !

हर नींद हो सपनों-भरी,
डूबे न यौवन की तरी,
हरदम जिये हर आदमी,
उसमें न हो कोई कमी,

ऐसा कभी होगा नहीं !
ऐसा कहीं होता नहीं !

तट को न दे चुम्बन लहर,
औ' मृत्यु को मिल जाय स्वर,
सूरज सुबह आये नहीं,
औ' शाम तक जाए नहीं,

ऐसा कभी होगा नहीं !
ऐसा कहीं होता नहीं !

दुख के बिना जीवन कटे,
सुख से किसी का मन हटे,
पर्वत गिरे, टूटे न कन,
औ' प्यार बिन जी जाय मन,

ऐसा कभी होगा नहीं !
ऐसा कहीं होता नहीं !

धुएँ का रंग

चाहे हवन का हो,
चाहे कफ़न का हो,
धुएँ का रंग एक है !

किसी का अलगाव क्या !
किसी का पछताव क्या !
अभी तो और सहना है !

चाहे मकान में हो,
चाहे मसान में हो,
दिये की लौ एक है !

किसी से कुछ लेना क्या !
किसी को कुछ देना क्या !
अभी तो और जलना है !

चाहे अमीर का हो,
चाहे फ़क़ीर का हो,
आँसू की शक्ल एक है !

किसी से हम क्या कहें !
किसी के सँग क्या रहें !
अभी तो और बहना है !

चाहे हो महलों में,
चाहे हो चकलों में,
नशे की चाल एक है !

किसी को कुछ दोष क्या !
किसी को कुछ होश क्या !
अभी तो और ढलना है !

चाहे हो बाँहों में,
चाहे हो राहों में,
काँटे का धर्म एक है !

किसी से घबराना क्या !
किसी को अपनाना क्या !
अभी तो और चुभना है !

चाहे सृजन की हो,
चाहे भजन की हो,
थकन की नींद एक है !

किसी के सँग सोना क्या,
किसी के लिए रोना क्या,
अभी तो और थकना है !

रामकथा

अपनी ही रामकथा है इतनी आग-भरी,
औरों की सुनने का बानक बनता नहीं !

घर से निकले मेरे ये वनवासी चरण,
जाने किस स्वर्ण-हिरन के पीछे जा रहे।
अर्थहीन आवाज़ों के अनाम जंगल में,
मन से सम्बन्ध तोड़, तन को भरमा रहे !

सागर पीने वाली प्यास, बूँद को तरसे,
कहने की बात न होती तो कहता नहीं !

कंचन से भरी-पुरी हों या बिलकुल ख़ाली,
सबकी नौकाओं के पाल उड़े जा रहे।
साँझ औ' सवेरों से भीख माँगते हुए,
हम ख़ुद को कीर्तिवान कहकर बहला रहे !

रात और दिन दोनों दो चरण समय के हैं,
इनकी गति का प्रवाह रोके रुकता नहीं !

चाहा था लक्ष्यहीन बादल के जैसा ही,
घूमूँ मैं रंग-भरे जीवन के मेले में।
बाँधा है मिट्टी के बन्धन ने कुछ ऐसे,
जैसे कोई कुबेर बिक जाए धेले में !

बन्धन की वेणु को बजाता है हर कोई,
स्वर के सम्मोहन का अर्थ समझता नहीं !

यात्रा की मजबूरी जो भोगें वे जानें,
रुकने की शर्त नहीं, चलना ही चलना है।
पहुँचेगा कौन कहाँ यह भी मालूम नहीं,
मंज़िल का हर पड़ाव छलना ही छलना है !

मिलने-जुलने में जो सुख-दुख मिलता हमें,
उससे तन बहल रहा, मन तो मनता नहीं !

क्यों पुकारूँ

करने वाला और है किसी को क्यों पुकारूँ !
जीवन की नाव किसी घाट क्यों उतारूँ !

साँपों को मिली है यहाँ चन्दन की छाया,
आदमी तो आज भी है आग में समाया,
राहों से भी ज़्यादा हमराहियों के क़ाफ़िले,
आँखों-आँखों में हैं आसमान जैसे फ़ासले !

बाहर से पास-पास, भीतर से दूर-दूर,
ऐसे अपनों के आगे हाथ क्या पसारूँ !

जीने वालों से भी बड़ा ज़िन्दगी का जाल है,
सबका हाथ थामे हुए अन्धा महाकाल है,
रुकना नहीं है, किसी धूप किसी छाँव में,
आग की सवारियाँ हैं काग़ज़ की नाव में !

मौत की नदी में आँधियाँ हैं काली-काली,
कोई नहीं दीख रहा किसको निहारूँ !

पाँव थके सामने हैं, मंज़िलों के मामले,
कोई नहीं साथ, ज़रा रास्ते में थाम ले,
दुनिया है रूप और राख का तमाशा,
जाने किस प्यास के लिए है कौन प्यासा !

प्यास की चिता में बड़े-बड़े मेघ जलते,
मेरी क्या बिसात, यहाँ जीतूँ और हारूँ !

आये-गये कितने ही पण्डित औ' ज्ञानी,
कह नहीं पाये कोई मिट्टी की कहानी,
कोई मिला बस्तियों में, कोई बियाबान में,
कोई कहीं टूट गया भूख की थकान में !

टूटने का दर्द जहाँ समझा न जाए,
ऐसी दुनिया को किस वास्ते सँवारूँ !

करने वाला और है किसी को क्यों पुकारूँ !
जीवन की नाव किसी घाट क्यों उतारूँ !

नदी

नदी बड़ी गहरी है,
पता नहीं क्या होगा ?

सहमे-सहमे लोग खड़े हैं
दोनों ओर किनारों पर,
कुछ की नज़रें नीची-नीची
कुछ की चाँद-सितारों पर;

आँधी कहीं ठहरी है,
पता नहीं क्या होगा ?

कुछ अँधियारा कुछ उजियारा–
अजब तरह का मौसम है,
मैं किसको आवाज़ लगाऊँ,
रहा न कोई हमदम है;

चाँदनी भी बहरी है,
पता नहीं क्या होगा ?

प्यास

बादल भी है, बिजली भी है, पानी भी है सामने,
मेरी प्यास अभी तक वैसी, जैसी दी थी राम ने !

प्यास मुझे ही क्या, यह जग में सबको भरमाती है,
जिसमें जितना पानी उसमें, उतनी आग लगाती है,
आग जलाती ही है, चाहे भीतर हो या बाहर हो,
जलने वाले से क्या कहिए, पानी हो या पाथर हो।

छाँव उसी की है, जिसको भी गले लगाया घाम ने !
मेरी प्यास अभी तक वैसी, जैसी दी थी राम ने !

मेरे चारों ओर लगा है, मेला चार दिशाओं का,
जिसमें शोर बहुत है, कम है अर्थ हृदय के भावों का,
मैं बिलकुल वैसा ही हूँ, इस अन्तहीन कोलाहल में,
जैसे कोई आग, ढूँढ़ती हो छाया दावानल में !

मेरी जलन न जानी अब तक, किसी सुबह या शाम ने !
मेरी प्यास अभी तक वैसी, जैसी दी थी राम ने !

घन से लेकर घूँघट तक के आँसू से परिचय मेरा,
हर आँसू की आग अलग है, एक मगर जल का घेरा,

कोई आँसू दिखलाता है, कोई इसे छिपाता है,
कोई मेरी तरह अश्रु को गाकर जी बहलाता है।

आँसू क्या वे समझें, जिनको सोख लिया धन-धाम ने !
मेरी प्यास अभी तक वैसी, जैसी दी थी राम ने !

भीड़ का अकेलापन

भीड़ में भी रहता हूँ वीरान के सहारे,
जैसे कोई मन्दिर किसी गाँव के किनारे !

जाना-अनजाना शोर आता बिन बुलाये,
जीवन की आग को आवाज़ में छिपाये,
दूर-दूर काली रात साँय-साँय करती,
मन में न जाने कैसे-कैसे रंग भरती;

अनजाना, अनथाहा अन्धकार बार-बार–
करता है तारों से न जाने क्या इशारे !

चारों ओर बिखरे हैं धूल-भरे रास्ते,
पता नहीं इनमें है कौन मेरे वास्ते,
जाने कहाँ जाने के लिए हूँ यहाँ आया,
किसी देवी-देवता ने नहीं यह बताया;

मिलने को मिलता है सारा ही ज़माना,
एक नहीं मिलता जो प्यार से पुकारे !

तन चाहे कहीं भी हो, मन है सफ़र में,
हुआ मैं पराया-जैसा अपने ही घर में,

सूरज की आग मेरे साथ-साथ चलती,
चाँदनी से मिली-जुली रात मुझे छलती;

तन की थकन तो उतार ली है पथ ने,
जाने कौन मन की थकन को उतारे !

कोई नहीं लगा मुझे अपना-पराया,
दिल से मिला जो उसे दिल से लगाया,
भेदभाव नहीं किया शूल या सुमन से,
पाप-पुण्य जो भी किया, किया पूरे मन से;

जैसा भी हूँ वैसा ही हूँ समय के सामने—
चाहे मुझे नाश करे, चाहे यह सँवारे !

बहाना

मिलना तो मन का होता है, तन तो सिर्फ़ बहाना है,
जीवन के बेरोक सफ़र में मौत मुसाफ़िरख़ाना है !

चलता है हर एक मुसाफ़िर रुकने की मजबूरी में,
जादू-भरी जलन मिलती है दिल से दिल की दूरी में,
मंज़िल पर जो कभी न रीझें वही मुसाफ़िर सच्चे हैं,
रंग-बिरंगी गलियों वाले सब के सब रंग कच्चे हैं;

लेकिन कवि को तो रंगों की महिफ़ल में ही गाना है,
मिलना तो मन का होता है, तन तो सिर्फ़ बहाना है !

सूरत गोरी हो या काली राख सभी को होना है,
सबकी अपनी-अपनी ख़ुशियाँ अपना-अपना रोना है,
आँसू तो सब एक रंग के लेकिन दुख के रंग हज़ार,
हर जीने वाले के मन में बैठा कोई पहरेदार;

पहरा कितना ही गहरा हो लूट सभी कुछ जाना है,
जीवन के बेरोक सफ़र में मौत मुसाफ़िरख़ाना है !

सात समन्दर पानी, लेकिन अनगिन पीने वाले हैं,
हर पीने वाले के अपने-अपने ठाठ निराले हैं,
कोई पीता स्वर्ण-पात्र में पीता कोई प्याले में,
कोई दोष निकाल रहा है मधु के पीने वाले में;

अच्छा हो या बुरा सभी का साथी यहाँ ज़माना है,
जीवन के बेरोक सफ़र में मौत मुसाफ़िरख़ाना है !

बीती हुई ज़िन्दगी तो है सूखे बन्दनवार-सी,
हर जीने वाले से ज़्यादा उम्र बड़ी है प्यार की,
बिना प्यार के मन्दिर की भी पावन मूर्ति अपावन है,
प्यार-भरी आँसू की केवल एक बूँद ही सावन है;

आँसू अन्तर्ज्वाला में जलने वाला परवाना है !
जीवन के बेरोक सफ़र में मौत मुसाफ़िरख़ाना है !

माटी का मेला

इस माटी के मेले में
मन का सौदा असली है,
बाक़ी सब-कुछ नक़ली है।

बिकने को तो सब-कुछ बिकता है मरघट की हाट में,
गठरी बिकती बाज़ारों में, ठठरी बिकती घाट में,
सभी तरह के सौदागर हैं, सभी तरह की दूकानें,
मिलने-मिलने में होती हैं, मरने वाली पहचानें;
मिलने और बिछुड़ने में
मिलना ही भर असली है,
बाक़ी सब-कुछ नक़ली है।

राजकुमारी से भी प्यारी तसवीरें बिकती यहाँ,
लोहे से लेकर आँसू की ज़ंजीरें बिकती यहाँ,
हर लेने-देने वाले के सँग अन्धी तक़दीर है,
राजा जैसा कभी बनाती करती कभी फ़क़ीर है;
लेनी-देनी नगरी में
देना ही भर असली है,
बाक़ी सब-कुछ नक़ली है ।

महलों की रंगीन रोशनी काली-काली रात में,
अंगारों-सी लगती उनको सोये जो फ़ुटपाथ में,
मानव-मानव का यह अन्तर विष मानवता के लिए,
प्यार बिना कैसे कोई भी यह विषमय जीवन जिये ?
मानवता के सागर में
बूँद प्यार की असली है,
बाक़ी सब-कुछ नक़ली है।

भीड़-भाड़ है बड़ी पुरानी लेकिन लगती है नयी,
इसे जीतने के लालच में आयु पराजित हो गयी,
जनम-मरण की रंगभूमि में खेल अश्रु औ' आग का,
हर इनसान धुएँ-सा लगता बुझते हुए चिराग़ का;
जनम-मरण की मंज़िल में
मरना ही भर असली है !
बाक़ी सब-कुछ नक़ली है !

□□□